# POUR ELLE

Jean-Luc Netter

# POUR ELLE

## Poèmes et autres textes

*Recueil 1*

BoD

POUR ELLE

POUR ELLE

POUR ELLE

Si

# POUR ELLE

Elle agita la main en franchissant le portail.
Douloureusement, je dus reprendre ma route.
Seul. J'aurais voulu...
Un soir, elle revint. Infiniment pure et précieuse,
Les yeux lumineux. Elle s'efforça
D'être plus ..., d'être moins...
La crainte, l'amour, l'attente se mélangeaient.
J'aurais voulu...
Je découvris sa nouvelle grâce.
Elle embellissait le paysage de mes jours.
J'aurais voulu...
Dans sa voix, je décelai une invisible douleur.
Mû par le désir de mettre fin à la scène,
Je lui caressai la joue, baignée par une larme.
Je la vis lentement clore les paupières.

POUR ELLE




Après les poses

## POUR ELLE

J'avais senti sa voix chaude s'infiltrer.
Tel un poème, qui progressait vers l'âme.
Nos parchemins se rapprochaient, en silence.
Ma raison paraissait assiégée, depuis les séances.
Pour m'apaiser, je laissai mon regard ruisseler
Jusque dans le vaste océan des mystères.

Dans un coin de l'atelier improvisé,
Deux fauteuils renvoyaient le désir d'exister.

A quel sentiment avais-je obéi
En lui indiquant mon domicile avant la nuit ?

La perception de ma lâcheté grandissait
En découvrant à mes côtés le corps nu de Camille.

POUR ELLE

Question

## POUR ELLE

Je n'étais qu'un écrivain.
Un diffuseur d'aventures.
Un capteur de murmures.
Au bout de mon regard, quelques couleurs
Inspiraient ma plume. Complicités.
Un bleu intense. Le blanc crayeux d'un chemin.
Le vert des pins. Des vêtements noirs.
Inventaire bousculant l'œuvre du peintre,
Détournant sa destinée. Pour le meilleur.
Que valent des mots couchés face à un ivoire
Un cyan, un vermillon, un noir ?
L'offense était publique.

## POUR ELLE

## La main

# POUR ELLE

Puisqu'il y a un Chemin,
Suivons son rayon lumineux.
Il pointe sans bruit la sensuelle aventure.
Une amitié immobile avait enfumé des désirs.
Mais, au seuil de la nuit, des draps se froissèrent.
Un vent de suroît embrasait clandestinement
Des corps déjà sauvages et gorgés de sang.
Tandis qu'elle lui parlait de sa robe,
Le bourgeon de son sein, brûlant et dur
Se collait à la paume de sa main creuse.

POUR ELLE

Après

## POUR ELLE

Dans le tramway. Paul haussait les épaules.
Lamentable soirée. Elle avait cinglé sa vie.
Visage rougi. Il retenait une colère.
S'était-il laissé prendre par l'enivrante vodka ?
Ou par des propos faussement aimables ?
La réaction ne tarda pas à naître.
Il se frotta le front comme pour effacer le
cauchemar.
Sa tête cogna sur la vitre givrée du tram.
Il fallut donner une cigarette. Puis
Parler à cette fille d'un autre monde.
Peu à peu, tout redevint calme.
Le sacrifice reculait, pataugeait dans les souvenirs.
Une lumière nouvelle semblait atteindre son âme.

POUR ELLE

Modèle vivant

# POUR ELLE

Les artistes descendent leurs couleurs
Sur ce corps déjà lumineux.
Un rayonnement céleste se dépose lentement.
La peau de la déesse flamboie.
L'effet enchanteur de la beauté et de la paix
Me transporte par delà la crête
Qui sépare la mort de la vie.
Les splendeurs des plaines de son corps
Eloignent en moi toute considération de
vieillissement.
Moulage en or fin, combinaison irisée,
Corps achevé dans sa perfection éclatante.
Je plonge, au-delà de la lumière,
Dans les espaces illimités de l'éther.

POUR ELLE

Lumière

## POUR ELLE

Je rejoignis rapidement l'arrêt de bus.
Il s'était mis à pleuvoir sans prévenir.
Personne ne m'attendait.
J'étais seul comme un ange.

Il y a des parfums qui élèvent le cœur.
Une odeur restait sculptée sur mon corps.

Dans ce quartier peuplé d'enfants aux pieds nus,
Je me trouvais face à moi-même.
Plus loin, près du chemin de fer,
Sa maison tremblait sous l'orage.
Avant de partir, elle m'avait annoncé
Qu'une lumière resterait dans mon corps.

# POUR ELLE

Souvenir

# POUR ELLE

Je me souviens de toutes ces années
Où tu déjeunais près de moi, sans parler.
Je te revois, pensive, les yeux accrochés
Aux lignes des magazines bon marché.

De te savoir maintenant si loin,
Retenue par un bonheur familial,
M'amène à regretter ce mal
Que nos cœurs se sont faits pour rien.

POUR ELLE

Ensemble

## POUR ELLE

« Il est confortable mon tronc. Tu t'assois ? »
Elle s'installa à califourchon. Derrière lui.
De temps en temps, elle lui jetait un regard
innocent...
Le pinceau à la main, absorbé dans la tâche,
Il se sentait bien à ses côtés.
Il pouvait se taire, sans gêne aucune.
Mais l'écouterait-elle vraiment si...?
Cela n'avait guère d'importance.
Le silence devenait un luxe.
Qu'il était bon de se l'approprier !
La toile craquait sous la craie et la tempera.
L'encouragement étouffa le doute.
Il leva les yeux, observa les feuillages
Tout en penchant la tête sur le visage de Lise.

POUR ELLE

Face au feu

## POUR ELLE

Il regarda ces deux femmes, assises près du feu.
Tout semblait si simple.
Il déplaça la bûche noircie qui fumait encore.
Il se demandait si l'amour l'intéressait toujours.
Fallait-il en définir un nouveau contenu ?

Il ne voulait pas être esclave de sa propre peau.
Revendiquer une liberté, là comme ailleurs.
Mais les sentiments souvent réunissent les corps.
S'en suivent alors le plaisir puis le déplaisir.

Avant l'imparable progression d'un jour nouveau,
Le ballet langoureux sombra dans un doux vertige.
Les flammes s'abandonnèrent dans les cendres
Tandis que les trois cœurs s'embrasèrent, sans elles.

POUR ELLE

Regrets

## POUR ELLE

Sur le champ de neige règne le silence.
Les sapins abandonnés se dressent avec fierté.
Je m'aventure seul.
Hanté par les souvenirs.
Pourquoi son retour dans quelques mois ?

Mes souliers glissent sur la route glacée.
En vagabond épuisé, je franchis le seuil
De l'église isolée.
Une prière, aux ingrédients d'espoir,
S'échappe de mes lèvres.

« Je reviendrai ! » avait-elle crié.
Je veux souffrir si je l'ai fait pleurer.
Je veux mourir si son corps ne peut résister.

POUR ELLE

# Retrouvailles

## POUR ELLE

Elle décrocha le téléphone
Composa le numéro avec rapidité.
Les secondes qui suivirent furent pénibles.
La première sonnerie retentit.
Elle avait préparé ses propos.
Mais le répondeur s'enclencha.
Errance.

Le temps était gris.

Plus tard, son téléphone sonna.
Une voix inconnue s'infiltra dans l'obscurité.
Nourrie de souvenirs, Jeanne s'abandonna.
Vagabondage.

POUR ELLE

# Rencontre

## POUR ELLE

Son regard, véritable éventail de couleurs teintées d'impressions indicibles, renfermait de multiples secrets. Il me paraissait enfantin. Le message que ses yeux portaient ne m'atteignit pas. C'est seulement quelques jours plus tard que je compris que cette caresse de velours se révélait importante. Je conservai l'image de son visage émacié, de ses cheveux noirs, rebelles, de son fin collier turquoise encerclant au plus près son cou si fragile.

Je partis quelques jours en Touraine. J'y retrouvai un ami qui venait d'hériter de trois chevaux.

Charles m'accueillit dans sa ferme. Il ne m'attendait plus. Perdant le contrôle de mes émotions depuis mon départ, seuls les multiples arrêts étaient parvenus à me redonner le courage de poursuivre ce long trajet.

La forge était installée dans une sorte d'atelier que Charles s'était construit à la suite de l'héritage de la propriété paternelle. Tous les biens avaient été répartis entre ses deux sœurs et lui-même, des lits aux ustensiles de cuisine, en passant par les  livres, les robes et crinolines.

Nous entrâmes dans la salle à manger récemment meublée. Je ne la reconnus pas. Tous les témoins de sa vie d'enfant passée ici avaient disparu. La pièce semblait plus grande, plus claire, plus chaleureuse malgré tout. Au mur, deux grandes toiles abstraites, aux dominantes rouges et jaunes. En les observant, je me remémorais cet instant fragile où mon regard avait croisé celui de Nathalie.

C'était le 13 mars dernier. Il y avait peu de visiteurs cet après-midi là, au musée Chagall. En ce jeudi printanier, seul l'art de rêver de l'Univers pouvait les amener à s'immobiliser devant les gigantesques toiles.

Face à moi, « le Cantique des  Cantiques IV ». J'observais cette toile de plus de trois mètres carrés, vaste envolée biblique où l'Amour rejoint l'Esprit, lorsqu'elle apparut dans mon champ de vision, sur ma droite.

« Ça vous plaît ? dis-je.

-Enormément,  j'ai toujours eu un faible pour les peintres russes. Mon père était de Viborg.

-Moi aussi, je suis très sensible à l'âme slave en matière d'art.  Auriez-vous lu l'ouvrage de Kandinsky sur le spirituel dans l'Art, l'effet des couleurs ? Je sortis le livre que je tenais en poche.

-Non, dit-elle, mais c'est vrai que les couleurs laissent transparaître des émotions singulières. »

Il y eut un instant de silence qu'elle combla en ramenant son regard sur le tableau. J'en profitai

## POUR ELLE

pour rechercher une phrase de l'artiste, que j'avais récemment surlignée.

« Souhaitez-vous que je lise ce que Kandinsky écrivait à ce sujet ?

-Oui. Je vous écoute Monsieur. »

Sa courte réponse me fit frissonner.

« Voilà, il disait ceci : Chacun sait que le jaune, l'orange et le rouge donnent et représentent des idées de joie, de richesse. »

Ses yeux redevinrent silencieux.

POUR ELLE

Edicule

## POUR ELLE

Enfin, au coin de la rue, je la vis.
J'étais épuisé. Je l'avais tant cherchée.
Elle s'offrit presque nue à mon regard ébahi.
Vêtue d'une simple coque glacée touchant le sol.
Je frôlai ce miraculeux cadeau du destin.
J'étais à présent à l'abri du vide, de l'absence.
Elle rayonnait de l'intérieur.
Je m'engouffrai dans son abri lumineux.
Quelle joie de te trouver,
Chère cabine téléphonique.

POUR ELLE

Réfectoire

## POUR ELLE

L'homme versa du café dans la tasse
Pendant que des femmes dressaient la table.
On avait livré durant la matinée les victuailles.
A la tombée de la nuit, l'autocar arriva.

Les moines se répandirent dans l'espace silencieux.
Un chat ronronnait près du feu scintillant.
Aujourd'hui, c'était jour de chance.
Des miettes d'espoir se consommaient comme des
pépites.

POUR ELLE

Retour

## POUR ELLE

Dans la poche, un billet devenu moite.
Je fis quelques pas en direction du wagon-lit,
Passerelle vers un autre monde lumineux.

Prochaine rencontre sous la neige bleutée.
Aura-t-elle l'impact tant espéré ?

Dans mes yeux, il n'y avait plus d'hostilité.
Une douceur indicible pouvait s'installer.

Saurai-je encore me nourrir de sa voix ?

Couché. A l'aube d'une incertaine tempête de joie.

Je me mis à rêver à ce qui allait me faire revivre.

POUR ELLE

# Le modèle

# POUR ELLE

Lorsque tu replaces tes bras devant elle,
Quand tu lui dis que tu es l'ami des couleurs,
Avec son regard profond et éternel,
Elle s'abandonne sans aucune peur.

Mais plus tard, quand s'installe la nuit,
Avec son silence immobile et menaçant, son
Absence devient la pluie qui s'infiltre dans ton sang.

Enfin le matin. Dans un vibrant murmure,
Les peintres s'animent, pour la dernière capture.
Toi, tu la cherches, dans l'espace gelé de l'illusion.

Mais le deuil apparaît, ravivant ta blessure. Alors,
Fébrilement, tu pars inonder d'éther ta pulsion.

## POUR ELLE

# A la fête

# POUR ELLE

Depuis longtemps déjà s'était installée
Une odeur de réglisse et de nougat.
Elle, Emmy était très fière de ses ongles.
Lui, il répondait à peine à ses questions.
Il ne parle presque pas anglais.
Il ne voulait pas emprunter avec elle
La route qui conduirait au précipice,
Du crépuscule à la vie Eternelle.

POUR ELLE

# Enfin

# POUR ELLE

« Trouve-moi une place dans cette ville.
Je cherche l'ardent soleil dans la nuit », dit-elle.
Une épaisse musique soul, sensuelle, feutrée
Franchissait le seuil de mon âme.
Peu à peu, je basculai honteusement
Dans une plaine neigeuse immaculée.
Elena avança lentement ses bras vers moi.
Bulle de lumière, torche incendiaire,
La magicienne aux pouvoirs divins m'offrait
Miraculeusement une vie de passion.

POUR ELLE

Décembre

## POUR ELLE

Dans la nuit froide de décembre
Je la cherchais sans plus y croire.
Au détour d'une rue sombre
Je croisai un homme ivre.
Il tomba à mes pieds sans mot dire.
Je tentai de le relever avec peine.
Le brouillard s'abattait sur nos corps.
Je m'assis près de lui, tentant de lui parler
Mais il était mort, la tête avait cogné.
Tout à coup mon esprit s'alourdit.
Je ne savais comment poursuivre ma nuit.
Estelle me hantait mais près de moi gisait
Un vieillard, le cœur refroidit.

POUR ELLE

# Bienveillance

## POUR ELLE

J'avance, encadré par les hautes herbes.
La pluie s'affaisse sur mon visage
Sans cependant me meurtrir l'âme.
Si au bout de la savane
Le sifflement du vent -férocement délicat-
Me laisse entrevoir la lumière vacillante de tes yeux,
Alors, souris-moi sans me juger sur mon passé.

POUR ELLE

Traces

## POUR ELLE

Le sable se referme dès le pied levé.
Sur la grève, deux coulées de pas
Tantôt se rapprochent, tantôt s'éloignent.
Le flux s'empare parfois des traces jumelles
Comme pour signifier dans ce mouvement
somnambulique
Que se perdra celui qui n'espère qu'en autrui.

POUR ELLE

La voix

## POUR ELLE

Je suis sans Elle. Je veux continuer ma route.
La lanterne éclaire faiblement le Chemin.
Autour de moi, le fleuve Amour s'échappe
lentement.
De rapides frissons parcourent mon ventre
désespéré.
Soudain, d'un écho parvenant du fond de la Terre,
S'échappa un message brutal mais attendu :
« Tu es sans aile et tu veux suivre un Ange ».

POUR ELLE

Désenchantement

# POUR ELLE

« You know I love you ».
Un faible sourire étira sa bouche.
Comme pour faciliter notre rencontre.
Le soleil se drapait d'un voile pudique,
Sa robe resplendissait comme une étoile.
Je regardais cette femme dont le regard semblait
S'évanouir dans l'espace cotonneux.
Puis, soudain, un miracle.
Le vent me frôla en murmurant
« Plaie d'amour n'est pas si cruelle ».

POUR ELLE

Velours

## POUR ELLE

Elle dansait perdue dans les vapeurs brûlantes
D'une musique conduisant à la fusion.
Son corps s'évanouissait dans la pénombre.
Yeux clos, elle se livrait innocente
Dans l'espace illimité de la nuit.
Je la sentais si loin, mais pourtant si proche.
Ma dame de coeur se jouait de moi à présent.

POUR ELLE

# Avertissement

## POUR ELLE

Adolescents romanesques,
Ames sensibles aux espoirs d'éternité,
Cœurs vertueux ouvertement déboutonnés,
Lucioles en quête de lumière,
Face aux pièges des cascades de sourires brûlants,
Fuyez. Sans nul retard.
Fuyez dès le premier regard, chaud et suffocant.

# POUR ELLE

Pour Elle

## POUR ELLE

Oui, j'aime ses yeux qui répandent l'humanité
Oui, j'aime ses doigts qui distillent des notes dans la
nuit
Oui, j'aime son sourire qui délivre du miel étoilé
Oui, j'aime sa grâce qui apaise mes douleurs
Oui, j'aime ton cœur ambré qui résonne près du
mien.

POUR ELLE

Instants lucides

## POUR ELLE

Sous cet orage d'équinoxe
J'entends le tumulte de mon enfance.
Les éclairs se projettent sur les souvenirs
La foudre se répand tel un écho de reproches
A l'infini.

POUR ELLE

Renaissance

# POUR ELLE

Elle m'avait demandé d'arriver aux alentours de l'hiver ; de venir dépouillé de tout préjugé, de tout savoir, de toute connaissance sur le Monde, sur les Hommes. La fée initiatrice des mers voulait faire jaillir de mes entrailles les flux d'une seconde naissance.

Me frayant un chemin à travers l'algue brune et le corail orangé, je parvins au détour d'un vaisseau abandonné, à la rejoindre. Elle qui veillait depuis toujours au fond des ténèbres ; elle qui était douée de toute la sensibilité humaine mais qui ne pouvait pas vivre ni mourir ni aimer sans voguer vers l'autre monde. Elle qui souffrait partout comme prise dans un tourbillon d'ondes froides et sourdes, elle qui aimait tout en étant sur le point de mourir. Elle qui m'aimait, inconditionnellement, qui secourait sans demande, sans exigence ; elle qui combattait le Chaos et libérait les Hommes de leur avidité.

POUR ELLE

D'une saison à l'autre

## POUR ELLE

Ciels aux agitations multiples.
Limons éphémères et endormis.
Autoroutes repoussées au lointain.
           Résiste, ô ma Terre.
Ilots lumineux de ma jeunesse
Aux éternelles odeurs d'été.

Le temps d'un hiver, fermons nos fenêtres.
Puis, lors du premier soleil d'avril,
Laissons le ciel et ses couleurs nous envahir.

## POUR ELLE

Emoi

## POUR ELLE

Dans la brise temporairement close,
Sous la lumière chaude de l'été,
Ton ombre rapide et légère
-Semblable à une caresse-
Illumine ma sérénité perdue,
Distille de douces vapeurs
Sur l'océan de soie devenu brûlant.

POUR ELLE

Ton prénom

# POUR ELLE

Comme une déclaration, sur un papier parcheminé, en lettres majuscules, il m'accompagne en toute quiétude, depuis sept ans. Fascinante calligraphie avec ses pleins et déliés, sensuels, harmonieux. Tel un parfum acheminé en guise de nourriture, ton prénom remplit la pièce. L'encre, comme une étincelle miraculeuse, l'enracine dans ma mémoire. Ces neuf lettres, véritable sésame d'amour, puissantes comme un subtil secret englouti au fond d'un livre, apostrophent encore mon âme. Vois-tu ma belle âme combien Avril ravive la flamme.
Je t'embrasse, ô ma bien-aimée.

POUR ELLE

Réveil

## POUR ELLE

Nuit dorée au-dessus de l'abîme.
Alouette matinale sur le bord du ruisseau,
Tranquille. Merveille d'une déclaration
Anonyme. Divines nourritures miroitantes.
Le matin scintille, parsemé d'étincelles vives.

# POUR ELLE

## Acrostiche

## POUR ELLE

L'innocente douceur d'une fine voix perlée
Avait apaisé sa profonde tristesse. Mais la
Muse un jour disparut, comme aspirée par le ciel.
On était à présent proche de la mi mai.
Un hiver rude et sombre disparaissait. Des
Rires s'affichaient. Les chansons des enfants

Finissaient par résonner dans les champs.
On sentait revivre les gais vallons irisés.
Un vent doux et enivrant apportait des frissons.

Des dizaines de points noirs au loin en mouvement
Ensemençaient le ciel vaporeux du soir.
Sûrement l'arrivée des vaillantes hirondelles !

On sortit ; en chemin, sans cesse on bavarda,
Imagina déjà un nouveau monde, plus léger.
Sur l'étang argenté, solitaire, se reflétaient les
Errantes, traversant le large pays ; errantes
Aux ailes bleutées et mystérieusement noircies.
Un homme au regard encore passionné rêvait.
X Les nuages semblaient lui montrer une autre Vie.

POUR ELLE

Le départ

## POUR ELLE

Comme convenu, je quittai le port. Peu à peu, la grève disparaissait et s'enfonçait dans les brumes mauves de l'hiver. Je me sentais invincible, heureux dans cette baie animée par le vol criant des mouettes matinales. Accrochés à la voûte, les astres aux brillances éternelles m'assuraient de leur soutien. Je suivais la bonne étoile dans le rythme régulier des vagues qui n'affichaient aucune hostilité. Commençait à parvenir à mes oreilles le son d'une fête tardive lointaine. Les embruns marins se déposaient sur mes lèvres inertes tandis que je sentais peu à peu mes jambes disparaître sous la surface tranquille de l'océan lumineux. Les rochers restaient accrochés sur la ligne d'horizon comme des châtaignes déposées sur un plateau de table basse.

## POUR ELLE

Au nord

## POUR ELLE

A l'horizon, le fascinant soleil de minuit, exilant -en apparence- son disque, surplombait une nature inerte plongée dans la troublante atmosphère solsticienne. L'étoile géante trempait dans l'infini océan des songes. Au jour succédait le jour. Au loin, une trace de neige immobile comme une eau profonde, bleutée, inscrite dans un puits de brume, tapissait mon profond regard. Il se répandit en moi un bien-être intense, virginal, extra-sensoriel. Ô terre d'alchimie ! Entre le feu solaire apaisant et l' eau trépidante du torrent, regarde la nuit blanche rejaillir !

POUR ELLE

Attente

## POUR ELLE

Un pacte sensuel entre l'encre du stylo et le papier semble indéfiniment s'établir. Les caractères alignés, associés aux espaces s'amoncellent comme une voix posée sur des arpèges tissant le canevas d'une ballade. J'aime les mots. J'aime les caresser du regard, les avaler, les digérer, les assimiler, les transmettre avec plaisir, émotion, amour, volupté. Pourtant, en cet instant, ils m'effraient. Ils ne génèrent plus ce sentiment habituel de paix intérieure.

Mes pensées paraissent aspirées par un événement antérieur, moins serein que l'acte créatif porteur de délivrance. Ma prose, en ce premier décembre, est semblable à une trace silencieuse, à une création aux cendres éteintes. Je tente cependant de rédiger quelques phrases. Mais les mots ne parviennent pas à se mettre au galop. Ils sont là, figés, retenus. Je décide amèrement de reporter mon projet à plus tard. Le grondement intérieur arrivera-t-il à s'envoler ?

# POUR ELLE

## Zingara

## POUR ELLE

Soudain, j'entendis sa voix ouvrir le silence.
Coïncidence ou hasard, j'étais devant elle.
Elle découvrit ma passion pour l'invisible.
De sa poche, elle sortit une pièce,
La déposa entre deux bougies allumées.
Le geste me troubla. Elle le ressentit.
La gitane posa ses mains sur les miennes.
Sa voix rauque pétrissait les mots.
Ils semblaient ouvrir les portes du crépuscule.
Un futur lumineux s'engouffrait dans le présent
aveugle.

## POUR ELLE

It's the beginning

## POUR ELLE

C'était certain, il y avait là, bel et bien, un signe du destin. La marque d'un hasard, qui n'en était sans doute plus un. La résultante d'une force mentale, invisible, créatrice qui place l'individu face à une situation inconnue, à un être déjà bien inscrit dans les pensées, en filigrane. Bref, ce signe du destin était pour moi libérateur, mystérieux, jouissif. Il témoignait à la fois de mon désir et de celui de l'autre. Une sorte de souffle, de témoignage occulte, d'écriture voilée. Une trace circulaire seulement décryptable par mes sens ; une distribution iconographique, en forme de calligramme. La vie semblait s'orienter vers de nouveaux buts, vers de nouvelles aspirations à la fois connues d'avance mais aussi nébuleuses, par instants.

Une indicible dynamique volait comme de l'écume ouatée. Je n'avais encore jamais approché ni observé ce curieux phénomène symbolique. Une marque du destin, poétique, créant un lien entre ténèbres et clarté céleste.

Le vent s'engouffrait légèrement dans ma polaire ; je me sentis revivre, « dégivré » par un sentiment béat de quiétude.

POUR ELLE

Volupté

## POUR ELLE

Doux langage de la peau.
Instants nus, tranquilles.
Pas un souffle, pas un mot.
Chevelure rayonnante en sommeil.
Sorte de point brillant, immobile
Dans un ciel léger sans nuages.

Soudain, des forces plutoniennes occultes,
Soulevèrent l'ardent foyer de lumière et
Illuminèrent les flamboyantes collines.

De lourds soubresauts vinrent déchirer la nuit
Qui bientôt absorba la puissante tempête.
Le calme s'imposa, succédant aux vifs soupirs.

## POUR ELLE

Je regarde ton corps

## POUR ELLE

Iles auréolées,
Régularité du sillon étincelant.
Les lignes forment un refuge paisible.
Un palais ou une citadelle de verre.
Origines des traces ? Secrètes.
Des rayons purs audacieux
Avancent avec incandescence
Vers un continent encore insaisissable.

# POUR ELLE

POUR ELLE

## TABLE

POUR ELLE

Editeur
Books on Demand GmbH
12/14 Rond-Point des Champs Elysées
750008 Paris, France
Impression :
Books on Demand GmbH, Norderstedt
Allemagne
www.bod.fr

Jean-Luc Netter
jlnetter@yahoo.fr

ISBN : 9782322013180
Dépôt légal : janvier 2015